POEMICÍDIO

(um autodelito de liberdade)

João Augusto Germer Britto

POEMICÍDIO

(um autodelito de liberdade)

LACIER

LACIER

Lacier Livraria e Editora
www.livrarialacier.com.br

Rua Doutor Quirino, 808 — Centro
CEP 13015-081 — Campinas, SP — Brasil

Outubro, 2024

Diretor: *Lacier José de Rezende*
Editoração Eletrônica: *Graphien Diagramação e Arte*
Capa: *Carolina Pedrini*

Ficha Catalográfica

Dados Internacionais de Catalogação na Publicação (CIP)
(Câmara Brasileira do Livro, SP, Brasil)

Britto, João Augusto Germer
Poemícidio / João Augusto Germer Britto. — Campinas, SP : Lacier Editora, 2024.024.

ISBN 978-85-64412-56-9

1. Poesia brasileira I. Título.

24-234529 CDD-B-869.1

Índices para catálogo sistemático:
1. Poesia : Literatura brasileira B869.1

Eliete Marques da Silva — Bibliotecária — CRB-8/9380

SUMÁRIO

NOTA DO AUTOR

A ideia de um livro de poesias veio da vontade de deixar registrados "em papel", ante um percurso de quase 40 anos ensaiando escritos, momentos e impressões variados que sobressaltaram minha mente; não confio plenamente em arquivos digitais (e ainda não frequento nuvens...).

Dizia uma "fábula" que para a plenitude do homem seria necessário plantar uma árvore, ter um filho e escrever um livro; o primeiro requisito cumpri com imperícia, os demais (penso) atingi com maior domínio. A bondade divina, portanto, me concedeu o alcance dos ditos preceitos, fazendo-me perceber, no entanto, que uma lenda não passa de... lenda ! – algo como a plena eficiência do óleo de fígado de bacalhau para evitar que uma doença mais perturbadora revire nossos projetos...

Escrevi sobre artes, família, política, amor, experiências diversas que testemunhei/imaginei com maior impacto emocional; há poemas mais recentes e outros feitos há trinta ou quase quarenta anos atrás; não noticiei o ano de cada um porque, ao se misturarem, completarem ou confirmarem, formam uma espiral que se perde mesmo no tempo...

Posto o acinte, sem pretensões comerciais ou acadêmicas, o objetivo é oferecer algum momento levemente divertido ou incomum às falas cotidianas, ou surpreendentemente reflexivo quanto a fatos de amplitude social ou afetiva.

Agradecimentos e homenagens estão claros ou implícitos, cabendo aqui a lembrança de 16 generosas pessoas que votaram em opções de títulos por mim apresentados, sendo prestigiado um deles por maioria simples.

"Poemicídio" é obviamente uma provocação e, sendo assim, remete à vida, à vontade de resistir à linguagem excessivamente formal ou às falas normalmente simplistas, bélicas ou distorcidas das redes sociais.

É um "delito" do autor frente a um estado verbal e escrito que muitas vezes aprisiona e deturpa visões/versões de um mundo naturalmente complexo, que se vê a cada dia mais – incomodamente – dicotômico, censurável ou autocentrado.

Meu carinho e meu *obrigado!* A quem dedicar parte de seu tempo aos poemas bem-intencionados deste livrinho.

ORQUIDÁRIO

Minhas flores se espalharam
por geografias diversas;
duas são migrantes, bençãos louras,
outra brota, brilha e renasce
toda manhã ao meu lado.
Aquelas duas, tão lineares,
tão reluzentes, tão capazes,
encantam sábios, doidos e outros,
enquanto meu primeiro cultivo,
gosto que cintile por perto.
Assim fiz meu orquidário,
com alta dose de amor;
não posso ser perdulário,
pois elas também são anjos,
com quem faço (cruciais) arranjos...
E eis que cuido do viveiro, a pensar,
nas belas flores que semeei;
e nas manhãs do amanhã,
seguindo firme verei
que com elas me sinto um rei...

BAILE DE FORMATURA

As famílias estão orgulhosas,
o diploma engrandece tímidos e falantes.
Uma jovem levou o cãozinho,
muitos – muitos – agradeceram ao Divino,
depois das formalidades, baile...
Naquele havia *glamour*, *whisky* à mesa,
a banda chegou em *My Way*,
eterno Sinatra, voz de esperança...
de outra canção, não se sabia
que poucos amigos seriam para sempre
– por mais que se quisesse ou tentasse...
E gira a roda de mãos (depois viriam "mãos à obra"),
o que é bom dura uma noite?
Lançados os dados, eis que lembrada
a imagem de única (última) chance;
motivo pra que tudo prosseguisse,
por mais que ninguém soubesse,
pelos caminhos vindouros,
a razão das próximas preces...

INIGUALÁVEIS

O sabor da nectarina úmida, azedinha,
os carrinhos importados na vitrine...
Não teve *velotrol* nem *autorama*
mas muitas tabelas e gols no *botão*.
Eram mais autênticos os cines de rua,
estreias lotadas e ingressos no guichê.
Uniformes limpos, laterais “dois” e “quatro”,
e time e torcida se conheciam melhor...
quantas comissões de frente (até hoje),
buscando o *novo*, ajudando em sonhos;
o primeiro mar foi cinza, depois vieram os verdes.
As bancas de revistas, instigantes,
com notícias, figurinhas e... proibida boniteza;
montar a árvore natalina na vó,
mais pela doceria que há tempos fechou
onde se compravam os quitutes do lanche...
Saudades maiores despontam
sem se saber o exato porquê...
São quase joias achadas
num baú que retorna do mar revolto;
e quando os lampejos terminam
deixam na mente, acordada,
um gosto de coisas e fatos que
(*p.... !*) , parecem nunca igualados...

REINADO

Quando te vi, sem antes,
foi explosão, fogos caindo,
show, luzes... pelo Papa, Madonna,
na praia de Copacabana.
Depois, pra nossa simplória ilha
você carregou tesouros,
não éramos seis, não éramos dois,
nascia um reino maior.
Então erguemos castelo,
(onde talvez nem príncipe eu seja);
você, dançante cigana,
ouvinte, leitora e doutora,
se anos passaram não mudaram
sua beleza, sua figura,
de incomparável Rainha.

ORIENTES

Os radicais por Alá,
os generais dos escombros
– um tortíssimo Benjamin,
um entronado no Kremlin –,
carregam desgraças nos ombros.
Crianças vagam ou morrem,
não há escolas nem escolhas...
Engravatados discutem, bem de longe,
propõem e vetam documentos e,
nas teias e face da História,
parar o caos não se faz...
Passeiam tanques, aviões, bombas,
sobram ruínas, orfandade, fuzis;
querem a terra pra mais poder...
E em mentes e metas tiranas,
contam-se intermináveis semanas
de perturbadas razões desumanas.

(RE) COMEÇO

Ao tempo que ficou pra trás
anunciava o painel da estrada
a vivência de um *junho lilás*.
Depois férias, flores, setembro,
mais notícias sobre horrores;
mas logo vem Data Santa,
vermelho nas ruas e shoppings,
a lembrança de Belém, um nascimento,
misturam-se trenós, velas, presentes e lamentos
e nas esquinas, mais pedintes
fora das ceias com requintes.
Todos esperando o novo,
que virá com fogos, *Réveillon*,
(para poucos *Moet Chandon*)...
até vir o Carnaval,
que depois de qualquer enredo,
confirma dúvida atroz:
será começo ou final
de outro ano afinal?

INCOMPLETA TRADUÇÃO

A moça batendo pratos
era talento nascente,
da Babilônia semente
mutante e avante em seu dom.
Lee, sons e afins,
Jones, Cassias, *Carolins*,
Campello, alguém mais, Joplin...
Estrada que na alegria,
juntou vampiro e ovelha,
convidando a baile na tribo.
Sem Carnaval, lançou perfume, a maga!
Quantos refrões ecoados,
um caso sério, na luz do luar.
Depois veio doença – a provar,
nem sempre se vence um mal...
Por fim, todos sabiam,
mesmo estando no *corre-corre*,
mesmo não desculpando o *auê*,
da certeira e amável manchete:
"Agora *FAZ* falta você"...

DAMA

Sem você, como seria?
Um picadeiro sem Arrelia,
um batismo sem a pia,
infindável terapia,
nem tendência, nem nostalgia,
dose alta de anestesia,
um gol que não salvaria,
canastra que não bastaria,
cego que perdeu seu cão-guia.
Homem surrado na cena urbana,
bicho vagando pela savana,
mundo de lutas (poder, miséria, grana) ...
E assim iriam os dias,
numa insidiosa trama,
que traria diário drama,
sem ter você, minha Dama!

"...AGORA E NA HORA..."

De alguma ou de toda sorte
da estrela cadente ao norte
da porrada que eu suporte
do carinho de quem me importe
do vestido de belo recorte
do riso de minha consorte
de tudo que seja aporte
do filme que ninguém corte
do nada que nos derrote
Amém!

EDUCAÇÃO

Entraram muitos nas Faculdades,
fugiram tantos do ensino médio,
Crianças esperaram por boas merendas...
Os pais confusos, cansados (ou até impotentes)
ainda acreditavam, outros já não se importavam;
e seguiu o país, “de repente” dividido
em seus frágeis conhecimentos,
sem ser Coreia do Sul ou Noruega,
com a *intelligentsia* (anualmente) discutindo
Se ver *BBB* ... é inútil ou brega...

“STEVE MARTIN”

Elas estavam lindas e, seus meninos
arrumados, emocionados, inspirados...
quando pensava muito, tudo seria difícil!
Mas houve mãos/mães acolhedoras e
decisões se tornaram mais simples.
Entrando pra cerimônia
nem lembro se olhei pros lados,
sem graça pela graça de quem conduzia.
Pouco disse aos pupilos,
só acrescentei carinhosos cumprimentos
e depois vieram fotos, festas, outras saudações.
Estavam lindas! – noivas, decorações,
os convivas fraternais e imprescindíveis;
de simples pai, por duas vezes
fui elevado a “pai da noiva”!
Tive orgulho, alegria, agradeci,
naqueles dias não quis outra coisa...
era quase um sonho, *frenesi*
em tardes e noites belas
nas quais “*steve*”, vi e venci.

ADITIVO

Pra *estabilizá* o Zepellin
pra *ajudá* a *descê* da RAM
prá *evitá* o escanteio
pra *amaciá* e *assá* a massa
pra *conquistá* a pole e o pódio
pra *ressuscitá* o Guarani
pra *desbloqueá* a marginal
pra *botá* sal e azeite (na batata quente)
pra *requintá* o cardápio
pra *destrinchá* a sentença
pra *fazê* café suave
pra *entendê* o Zé Ramalho
pra *arrebentá* a boca do machão
pra *explicá* verso e textão
pra *arrebatá* o quati e o capelão
pra *balançá* o comum
pra ser Tina descendo da *limusine*
pra *mostrá* que a vida há de ser mais...

"P K P"

De terninho incomum e no trem,
(trem que não era o bala)
lá se foi o estranho Kim,
mini míssil de amostra na mala,
encontrar-se com o *ex-kgb* Putin.
E os doidos falaram de guerra,
como coisa simples assim,
mandatários da opressão,
preparando um caldo ruim...
Ah Deus! que homens assim,
não arquitetem nosso fim;
Pra lá de Oriente, Sibéria ou confins,
que vão pra *Putin Kim parim*!

DEPOIS DE TUDO

De quem foi eleito,
de alguma sentença injusta,
da inércia do prefeito,
dos dedos no meu nariz,
das vitrines quebradas em Paris,
do conformismo dos que sofrem,
da série nova e boa que ainda não vi,
dos sírios nos escombros,
das reuniões com o chefe,
dos fanatismos longe e perto,
do peso nos meus (quiçá nos seus) ombros,
quis o "intimamente correto",
vibrei com os louros das "Louras"
e as sacadas julianísticas
(veia artística e turística);
pensei no cartaz da Greta,
na serra comi *fondue*,
cantinho que não esqueço.
Li três livros ao mesmo tempo,
mas não terminei nenhum – nem o café
(que queimou meu esôfago),
lá me fui endoscopia...

O humano melhor: quem (não) garante?
restaram poucas quimeras...
as *babies* de quatro patas,
o filme que não é fiasco,
um jantar elaborado
(ainda sou bom namorado).
E mais tarde, mais sossegado,
penso – deitado ao seu lado,
que há meu lugar no mundo,
sendo apressado ou vagabundo,
depois dos trovões, depois de tudo.

QUINTAL

O ninho se colocou,
trançou bonito seus gravetos
no meio dos galhos da jabuticabeira.
"Mamãe" quase não sai de lá
esperando seu baby voador.
No chão, sempre intrépida,
a cachorrinha e seu instinto
acompanham a ocasião.
É então, "no céu da cidade",
que se vê o abrigo e o perigo:
e a câmera fecha naquele entrelace,
ainda não se sabendo o final,
que se dará, bem ou mal,
no fundo do meu quintal.

SOBRE VIVENTES

Náufragos, refugiados
em seus botes e tendas frágeis...
Os feridos das lutas étnicas,
mundo afora, qualquer oprimido,
os pais perdidos das balas perdidas,
os que dormem ao relento,
os que tremem em abrigos, esconderijos,
os que perdem casas, família, tudo
as mulheres que não foram mortas,
pela masculinidade *to(xica)rta* ...
Os altivos antes humilhados,
pela cor, raça ou qualquer escolha,
de como simplesmente (se) amar.
O homem simples que vence *fakes*,
os pastores que não mentem,
os que cuidam, nos sofrimentos,
as patas santas que nos reanimam,
os índios e negros que não tombaram,
os voluntários da ajuda sagrada...
Eis o acaso de lembranças,
incômodas ou redentoras,
que nos fazem mais humanos
ao se falar sobre viventes...

FRANCHICO

Chico: um grande rio,
Chiquinhos de várias famílias,
chico, latino e pequeno,
e Chico Buarque, de "Almanaque".
Violão, banda e Salmaso,
e eis que surgiu o poeta,
melhor que da última vez,
com a força de "Caravanas";
motociatas esquecidas,
sem haver ecos tacanhos.
"Noite dos Mascarados", revival,
qual tão bela de Carnaval?
coro bonito, gente feliz
e fosse o que Deus quisesse...
Chico de "Mar e Lua",
Chico de "João e Maria",
o homem e sua lenda,
lirismo, sarcasmo e carisma.
Grandioso aqui, depois em Portugal,
sob as bençãos de Camões.
A volta em boa hora (ô, tanta demora...);
ele cantou, duetou, deu passos,
e foi-se embora sem perceber,
que aquela noite, musical história,
foi pra muitos a maior das glórias...

"VÁRCULA"

Pelas pernas milimetradas (por Deus !!!),
por uma ponta de chuteira (perversa),
por inventar uma mão indevida,
por tresloucados na cabine,
pela mordaça no grito de gol,
pelo "*sim*" com doído atraso,
por vir ampliar frustrações,
por funcionar mais contra meu time,
"*VARde retro*", VAR, "*VARde retro*"!

MARIA LAVADEIRA

(poema mais antigo deste livro)

Maria Lavadeira, a pura brasileira,
que aguenta a vida pedreira,
que no frio acende fogueira
e no calor vira sorveteira.
Maria, pra ser lavadeira,
é mulher esforçada, trabalhadeira,
parece inocente mas é matreira,
só come comida caseira.
Julga que política é besteira,
com a polícia fica cabreira,
gosta de coisa corriqueira,
vê o mundo à sua maneira.
Maria também é mineira,
sobe na árvore ligeira,
abre pro gado a porteira,
sempre sonhou ser fazendeira...
Bola no canto, entrando rasteira,
gol do seu time, alegria não tão costumeira;
empunha então sua bandeira,
a comemorar o título é a primeira.

Lava a roupa do padre, da freira,
No rádio ouve '*Nuvem Passageira*',
vento forte lhe dá tremedeira,
trabalho (é normal...) lhe dá canseira.
Como o Brasil de Moraes Moreira,
Maria vem descendo a ladeira (é fevereiro!),
esbarra nos espinhos de uma roseira,
buscando a felicidade, certeira...
E depois, pela TV, vibra a noite inteira,
curte o samba da Mangueira,
pois no Carnaval vira Maria Festeira
e, pelo resto do ano,
com sua eira e sua beira,
é a Maria Lavadeira...

COMPROMISSOS

Compromissos nunca faltam,
nunca se fazem omissos;
Desafiam o *aquilo* e o *isso*,
São bichos que espetam, ouriços...
Se eu fizesse feitiço,
acabaria com muitos deles
e viveria um pouco o encanto
de ficar mais quieto em meu canto.

FICA

Tirando de mim qualquer zica,
pondo canela na canjica,
me impedindo de ser "crica",
bebendo junto água da bica,
fugindo junto por Cumbica,
dividindo a mexerica,
benzendo com dona Chica,
resolvendo equação que me complica...
Seu cheiro bom... é de botica?
Se espalha, eleva, me agita e
como pra dor pura arnica,
torna minha alma mais rica...
então... F I C A!

MARÍTIMO

Lá estava ele, fim de tarde,
observado dessa vez como Rei, mesmo;
descendo e rasgando nuvens,
admirado e admirável,
deitando-se enfim ao mar.
Um adeus previsto,
um retorno esperado pro dia seguinte
que, pra alegria de todos,
de outros apreciadores,
seria prenúncio noturno, de novo,
depois de tingir de laranja a tarde.
E assim seguiria a roda,
de luz, de cor e de vida,
no forte, farol ou atol,
no mar que guardou o sol...

CARTA DE ALICE

Fechei os olhos,
sentindo o carinho do abraço (obrigada mamãe...);
quando abri, firmes eram meus passos,
com jeitinho meio arisco,
indo aos braços de São Francisco.
A outra casa era boa, mas esta é só paz, mesmo...
deixei vocês (*não se faz*),
mas, saibam, ganhei proteção eterna...
cochilo em nuvens, gramados e cavernas!
Aqui tem muitos amiguinhos,
o Santo e seus passarinhos...
mamãe e papai e lourinhas:
acabou sendo uma redenção...
Ah, sim, muita comida,
frutos divinos a ter vida,
saciando gordas e magras
sem a espera ser um fardo!
Assim, continuo Alice,
com decantada fofice,
brincando e dormindo feliz
num reino que, ninguém diz,
faria de qualquer senhorita (como eu)
rainha, princesa ou imperatriz...
Mandem beijos pra quem "*me se lembra*",
saudade e graças: *that's it*,
fui filha e irmã, hoje sou anjo,
e logo logo serei Arcanjo!

TRAVESSO

Calientes ondas, quentes lençóis...
foram-se a *lingerie*... e o siri;
era mesmo coisa de ir e vir...
arrepios, água e afinal um final;
era mar, era um lar noturno...
e a cada quebra, forte ou suave,
ninguém ficaria taciturno...

NÃO SOMOS OS MESMOS

Saiba: rapaz latino, entendi seu "grito",
sempre me lembro – e cito
que já não somos os mesmos,
graças também ao que "te ouvimos" ...
Seu sumiço, de ares "*como andei distante*",
Uruguai, o Sul e onde mais,
te fizeram encarnar James Dean,
mais da natureza e recluso,
revendo e escrevendo letras (cadê?).
Digo: sem embarque, nos anos setenta,
imaginei uma mão feminina
no avião, a segurá-la...
Quando alguém como você se vai,
sempre indago o porquê disso;
galos não cantaram por dias,
mas as noites continuaram,
e nos apês e quintais, a gente lembrou de você.
Um tempo negro se assanhou,
"*o novo sempre vem*" – torto?
Mas, mesmo assim,
pra encarar o pior,
haverá antídoto, haverá receita,
e aquele bom combatente
rapidamente aceita
uma canção de Belchior.

“O” MICO

A Deus temente e obediente,
queria um golpe pra Presidente,
vestiu bandeira, marchou pra Praça,
não hesitou em quebrar vidraças,
a vida voltou a ter graça.
Depois, recluso – mas ainda convicto,
enviou um *Pix* pro (já abastado) “mito”,
cabeça erguida, não enxergou,
que sua crença eleitoral,
de compasso marcial,
de ritos e ricos aflitos,
rodopiou no maior dos mico$...

BALLET

Eram mais jovens, mais sintonizados,
compreenderiam melhor,
seriam mais estudiosos...
Até que em (in)certo dia,
como bastassem um alarme, um galo, um canto,
viram rédeas sob seus mantos,
que um dia quiseram tanto.
E quase tudo permaneceu imutável:
as normas, a liturgia, a interpretação,
(todas com jeito afável).
E assim ficou, de novo,
uma conhecida dança,
na esperança de que *nalgum* dia,
por passos, ensaios e destemor,
viesse nova coreografia
corajosa enfim por mudanças...

GINASIAL

Veio em sonho, sereno,
um *dé jà vu* inesperado...
Olhares, bocas, pernas na escadaria,
seguia-me uma das *filhas-cão*;
não haveria uma prova,
caras e idades não eram as “de ontem”.
Nenhum professor apareceu,
também sem fanfarra, sem balizas;
um livro qualquer estava aberto
(drama, aventura ou romance?)
em biblioteca que antes não havia...
E tudo convidou a refletir (de novo)
o quanto a vida andou
(a)normal, desde o tempo ginasial...

AUSÊNCIA DE MARINA

Marina não lembra mais do calvário indígena?
Marina não vê um mar vermelho no rio?
Perdeu sua voz, da nascente à foz?
Nada sugere contra as queimadas e,
pronto, é festa do fogo na floresta?
Do meio-ambiente, frações sinistras
calarão nossa Ministra?
Tem algo errado, me desculpe,
e incomoda a mim
e a mais alguém que não te vê:
Marina, “cadê você”?

ROTEIRO

Muitas cenas da vida atual,
parecem *flashes* de Tarantino;
têm tino, têm rostos, desatinos,
transitam entre o bem e o mal:
por vezes são pleno Carnaval,
noutras vezes são soco brutal...

ULTRALEVE

Oh Elza! foi-se em hora errada,
como toda gente boa !
Pensaram (de novo) “o samba morreu”...
se quase sim, ligeiro levantou-se,
com aquela voz sem igual.
Rouca, louca e latente,
veio pelas ondas, Elza...
Se acaso você voltasse
numa nova Mocidade,
(“alegria da cidade”)
seria, mulher de novo, no mundo...
‘Fica mais um pouco Elza!’,
figura imponente,
voracidade independente,
Padre Miguel, Santo Pontífice,
ninguém segura essa fantasia,
drible malandro na *death,*
e murmuraria um refrão, em samba-rap:
“não me pegue, não me segue,
Ainda falta um reggae e,
depois, eu vou de ultraleve”.

OS SÁBIOS DO CASTELO

Pelo castelo imponente
transita muita e diversa gente;
o Rei está sempre agitado,
querendo deixar um legado.
Ao seu redor só bonanças
e os sábios do castelo,
que ignoram plebeus
e só gostam da alta nobreza.
Assim se fazem fidalgos
com escrita rebuscada,
com palavreado exato
e com sede de encantar.
Conselheiros infalíveis,
não perdem sua influência,
têm mesmo postura de doutos,
esticam tapetes persas
e se protegem uns aos outros.
Os ditos não são exibidos,
riem entre si das conquistas,
desprezam opiniões alheias,
e ensinam que discrição... é sedução.

E no dia a dia da Corte,
correm mantras e providências,
que o Rei normalmente assente,
sem ver que sua majestade,
longe das tramas – e verdades,
se esvai sem maior alarde...

MEU ESPELHO

Nesse espelho, não me vi, não cabia...
pois muito melhor vista
eram o mar, as pedras, o que senti
e o pequeno *Perri*,
(que me fizeram escrever aqui).
Café, peixes e risotos,
e os banhos de mar de *Zaium*;
a arara que se limpava e gritava,
fazendo graça pra quem passava.
Teve casório e samba no vizinho,
teve ofurô, chuva e meu amorzinho
e, se eu estivesse curioso,
Caraíva, Quadrado ou de lá outro caminho.
Ah... tudo que é bom demora a voltar,
mas queria ser breve, ver novamente,
o que me deu plena paz,
o que não me trouxe susto,
apesar de ter apenas
um Espelho pela frente...

(Perri: nenê de um jovem casal; Zaium: um *golden*, dos noivos)

SAGA

De quatro em quatro anos, chegam histórias
de luta, superação, derrotas doídas ou... vitórias!
Tempo treinado, arenas lotadas,
Nada (e tudo) pode dar errado...
Meninas, rapazes, moças, meninos,
contra o *algo* que atrapalha,
na busca por uma medalha...
Rayssa, Caio, Beatriz,
gente que ganha, outros ficam por um triz.
Vencem sendo desconhecidos,
rostos da simplicidade,
empenham saltos, golpes, braçadas, força;
talento, vento, proveito, momento...
levando "teimosos" ao pódio.
Aqui assistindo, mal jogamos peteca,
então como não admirar,
a *multimetal* Rebeca?
Luta diária abastece a casa,
mas *lá* é ser, a cada disputa,
pássaro que voa, sem asas...

O que foi perdido também vale,
(choro é *oro*)
e o consagrado é sonho;
na saga que se renova,
olímpicos tomam assentos,
e antes despercebidos,
nos mostram aos quatro ventos,
o fulgor de figuras fugazes, capazes, audazes.

MUSICAL

O meu Deus entrou na igreja, menino,
e logo, crescendo, tocou seu sino
(e fez um som no atabaque).
Ele não é de araque,
vai comigo lá no Centro,
acha graça quando benzem
com arruda, guiné e... coentro.
Reza com(o) o padre "das antigas",
dança com o da música que bendiga,
admite um suplício místico,
olha atento pra entidade,
sente a paz da sala escura,
transita por toda cidade,
tem me trazido curas.
Deseja qualquer pacificação,
tem as bençãos de Francisco,
anda no barro, encara chuviscos...
E passada a noite boa,
me levanta com seu sino,
pelo dia peregrino, cai a tarde, está cansado.
No pós-jantar põe pijama mas,
se tem festa veste um fraque e,
já dos sons belo craque,
vai tocar seu atabaque.

(R-D) ESISTÊNCIA

Pela lona superior, grandes goteiras
encharcando a terra, já barro...
Sentados num canto, palhaço e malabarista,
desolados com o vazio e o porvir,
mirando velhas e frouxas arquibancadas.
Os bichos precisavam mesmo não estar,
sobraram *traillers*, desesperança...
mágico sem truques, globo sem motos.
E muito antes do *Orkut*, do *Face*,
do "*zap*", do "*Insta*" ou do "*X*",
ninguém mais saber quis,
depois dos cenários já finitos,
do destino daquele circo...

NOME AOS BONS

(um reverso; homenagem aos Titãs)

João Paulo II, Barack Obama, Jânio de Freitas,
Angela Merkel, José Carlos Dias, Wagner Moura,
Eduardo Suplicy, Adilson Bassalho, Penélope Cruz,
Jô Soares, Fernanda Montenegro, Helio Guilhardi,
Joãozinho Trinta, Thelma Helena Vieira, Juca Kfouri,
Armando Nogueira, Rinus Michels, Glória Pires,
Mandela, Al Paccino, Antoninha & Olga,
Mario Covas, Myreia Luis, Millor Fernandes,
João Batista Britto, Ronald Golias, Hebe & S. Santos,
Airton Senna, Maria Inês Targa, Michael Schumacher,
Christof Waltz, Pedro Benjamin, Alex Germer,
Mick Jagger, Alexandre de Moraes, Chris Martin,
Guilherme Ferrari, Gisele Bundchen, Ayres Britto,
Paulo Autran, Edison Pelegrini, FHC,
Marlon Brando, Aracy de Almeida, Malala Yousafzai,
Elza & Geny, Tomás Paiva, Rolando Boldrin,
Kevin Costner, Meryl Streep, Flávio Cooper,
Ulysses Guimarães, Osmar Santos, José Silvério,
Ana Tenório, Rubem Alves, Celso de Mello,
Edison Vieira, Gerson Julio, Renato Buratto,
Chacrinha, Alex Garbellini, Magalhães Teixeira,
Hugo Gallo, Fernando Gameleira, Ilse & Lotte,
Mario Quintana ! e assim segue a caravana!

UM A ZERO

O time era bom;
o ônibus – perto do *apê* – levava ao estádio,
muito medo dos adversários famosos
(eles sempre seriam melhores...).
Mas por várias vezes,
foram noites gloriosas,
gols do Verde campineiro,
e na vida pessoal
vitórias eram mais demoradas...
restava então aquele (santo) alento,
mesmo que sob noturno vento,
mesmo que por um mísero tento...

DESCONSOLO

Chegou a primavera!
Mas o mundo gosta de guerra...
o soldado não ganha mais flor,
famílias esperam e sentem dor.
Um artefato cai, tudo arrebenta,
a população se afugenta;
não há maior contratempo,
não há pior invento.
E quando não veladas
em profundo lamento,
crianças – sob o pó do cimento
logo perceberão que pra paz,
não girará o catavento.

FANTASMA

Lá fora se agitam os barões,
o mercado tá nervoso,
o banqueiro e seus bilhões,
muitos pobres sem almoço.
Subiu e caiu a Selic,
não se viu grande chilique,
poucos compram marcas chiques,
alguns navegam por trambiques.
Ouço preces: segurem os juros!
muita gente em apuros,
Outro tanto em cima do muro,
Ao certo, futuro incerto...
Ele fala pro Governo,
mira a mim e a você,
e sem por completo entender
é melhor se entreter
com um *hot dog gourmet*...

POEMÃE

O nenê, ainda sem nome,
cutucando a barriga em sua gênese,
fez-se criança, menino algo teimoso,
adolescente de pouca rebeldia.
E o homem pensante de agora,
renitente em suas dúvidas,
cidadão de um mundo moderno,
vê os outdoors nas ruas,
a publicidade das redes,
as marcas de tudo, dos carros,
as leis, o Poder, os jornais digitais...
como passam as coisas e mensagens!
Estes versos não têm rima,
não têm métrica, não teriam fim...
São *poemeu*, *poemãe*,
porque tanto já foi dito,
criaram-se até chavões...
na verdade, tudo é mais *mãetural* !
Os escritos que querem lhe falar
pulsam de um sentimento
que se prolonga no existir.
E ao contrário de quase tudo,
captam mais e mais emoções,
que a cada dia são (e serão para sempre),
progressivamente,
ternas, e t e r n a s, M A T E R N A S.

TEATRO

Subi num palco obrigado (e apavorado)
na primeira Faculdade;
por fim, gostei do amadorismo e
depois, só "peças profissionais" (na plateia) ...
mundo de distinta vibração,
alegrias e apertos no coração,
muitas vezes trazendo lágrimas,
em outras, boas risadas.
Mistura de real e fantasia,
deixar aqui deveria,
minha estima, agradecimento,
a cada grandiosa figura
que me fez/faz feliz pelo fato
de que gosto muito de ter
aprendizado pelo teatro.

TROCO OU TRUCO

Hábil pra conversar, tinha dinheiro no banco...
marcou outro primeiro encontro,
querendo, como sempre, impressionar...
Disse que curtiu muito *Trailler* do Michel Jackson,
que Noriega foi malfeitor na Noruega,
que estudou o *materialismo dietético*
que El Salvador é capital da Bahia,
que Adele "se fez" com *Titanic*,
que viu a Biles na Billing,
que Bethânia é irmã de Gal,
que doce italiano é o canelone,
que o Coliseu era um zoológico,
que o filósofo chinês era *Confuso*,
que amanheceu dez graus *celtas*,
que a morsa é bem magrela,
que Marlon Brando fez *Estranho no Ninho*
e Fernanda Montenegro fez *Cidade de Deus*.
Restou à moça, aturdida,
engolir um chopp e um salgado,
Indagando sobre medo de avião...
E ao ouvir dele um "não",
marcou um segundo encontro,
que seria lá no Togo, em duas semanas,
na "romântica e bela" ... Toronto.

TEMPO INDEVIDO

Pombo-correio, fora de rota,
não precisava voar ligeiro,
nada combinou com ninguém,
e levou para o além
baiano sabido e querido...
Se eu soubesse que viria,
chamaria santos e anjos,
atrasaria essa partida,
seguidas festas do interior,
e diria pro *buscador*:
"*demoraes* com o Moreira, *demoraes*" ...

CANÇÃO DE NINAR PRAS 'TUMIGUINHAS'

O dia foi muito lindo,
agora o sono vem vindo,
as bebês já brincaram bastante,
lá no alto uma estrela distante...
Um anjo da guarda no céu,
dois anjinhos na cama ao léu,
um afago nas costas, um beijo,
uma noite tranquila lhes desejo...
O Papai do céu as protege
e o papai da terra fica atento,
a Mãe Santa Maria as elege,
um belo par de rebentos.
A mamãe está sempre alerta,
vigiando as amadas filhinhas,
a sorrir, seu sono flerta,
são suas duas preciosas pedrinhas.
Durmam porçõezinhas queridas,
sonhem com sua pureza,
vocês são deliciosas vidas
que nos dão alegria e beleza!

ATEU POR UMA VEZ

Não temo não repassar
a oração que já vem pronta,
sem se saber sequer
quem começou, de onde partiu...
Essa fé não me seduz,
não deve salvar orgulhosos,
não salva também coitados,
da "cidade" ou da quebrada...
e nesses caminhos inventados
pra mensagens acomodadas
penso que isso não passa
de mais uma *preZAPada*...

CINQUENTA E QUATRO

Não quero ser um doidinho,
não quero estragar prazeres,
não quero ser pessimista...
Se conseguir, erótico,
se *Ele* deixar, tranquilas manhãs,
se for possível, com pouco cismarei.
"Rodinhas" me olhando ?
que não julguem meus traços...
se for gol, é Guarani,
se não for, eu já dormi;
falantes, não me cansem,
sabidos, não quero "toques";
dos religiosos, aceito preces,
dos amigos: já são *benesses*!
Da minha amada, quero mais – sei lá,
pras minhas *cãs*, panos de seda ou veludo,
as meninas... sou pai sortudo!
Quero lembranças do Espelho,
Rio Grande, montanhas, refúgio,
os ídolos, pra sempre,
nos detalhes que se lembrem.
Trabalhando? acertos e erros,
nunca fui "a carta" do baralho,
mas acho que tudo dará certo,
caminhos estão abertos...

Vivente mais que tudo,
sou primeiramente grato,
nunca me tiveram como gato,
mas não retoco meu retrato,
"*um, dois, três*", cinquenta e quatro!

MADRUGADA

Dois gatos passeavam no silêncio noturno,
libertos, espertos – mas ainda assim notados,
pela vira-lata que antes dormia.
Farejou ela a ousadia, fez sinfonia de latidos
(e foi-se embora uma noite tranquila).
Vida de opostos, em praias ou urbes:
para insanos, (duvidosos) sãos,
para bêbados, novos abstêmios...
No apagar de todas as luzes, refleti:
"*a vida pulsa, corre e cintila*"...
dormência, olhos abertos e sede;
uns bebem água, outros bebem tequila...

ÀS SEIS DE ANTIGAMENTE

Tocava a sirene do jornal,
as lojas fechavam e os ônibus enchiam;
mães ao rádio pra Ave Maria,
o lanche ainda não estava pronto...
A grande novela era dali poucas horas,
depois um "programa" que muitos já não veriam.
Seis horas... agora já da manhã;
escola esperando,
café com leite esfriando,
prova com cheiro de álcool,
dia de jogo a ser assistido
duas ou três horas depois
das seis da tarde...

CAMPANHA

No pós-aulas, qualquer tampinha era bola...
depois a subida pro almoço
no apê apertado e alugado.
O time escolhido por ter verde,
graças ao bondoso e cúmplice pai;
os avós não conhecidos,
a irmã aguerrida, que na missa infantil
foi *'...Rosana nas alturas...'*.
A mãe vigilante, boa de coração e cozinha,
os amigos de ontem e de hoje
(viva o tabule libanês – e helenístico !).
Faculdades de glórias e percalços,
provas difíceis, colas possíveis,
o primeiro carro – atrasado, ultrapassado,
sofridas e inocentes paixões...
Com Alceu Valença e George Moura,
apresentado estava o Nordeste;
livros, músicas, artigos, empregos e erros: eis a pedagogia...
se houve pedras, houve (Dr.) Pedro;
tudo que foi difícil, salvador, duvidoso,
pra um balanço favorável das horas.

O amor, filhas, tanta coisa boa,
um caminho trilhado não só
(intervenções divinas, anjos em pessoa).
E o que estiver por vir, depois do até agora,
seguirá inescapável campanha,
desta zebra que não mais se acanha...

BOURBON

Era regrado: toda tarde, depois do almoço,
a moça queria um café...
sozinha mas "escoltada", por mil ideias, pendências,
transitava "de casa em casa" e
de dentro do balcão
simpatizantes lhe serviam...
era a Zélia, a Lia ou o Zé.
Tomava assim coragem
pra seguir, cuidar da vida,
que muito mais que oferecer um cafuné,
como na música perguntava
"o que é, o que é" ...
Sem saber ao certo a resposta,
apostava na lealdade
de seus cães, amigos, irmão
e a cidade, um dia, seria melhor...
mas no dia a dia, no vai e volta,
na cadência, no "vai na fé",
não tinha jeito, seu coração
só sossegava de verdade
com os goles de um bom café...

MASCOTE

Na manhã de frio – mas ensolarada,
atravessou a rua faceiro,
deu um abraço em minha amada,
moldou um sorriso em todos,
voltou-se para sua trilha,
um pequeno ser cativante.
Fez daquela segunda-feira,
razão primeira pra seguirmos,
lembrando das bençãos que surgem
em nossas vidas, nossas almas...
Se acesos refletor, canhão de luz ou simples abajur,
depois *daquela* ninguém seria
tão solar como foi Arthur!

CONSAGRAÇÃO

Chico chegou,
trouxe seus rebentos,
capixabas são os ventos,
espíritos santos de alento,
alegrias de momentos,
com melão se faz fomento...
E foi assim, todos atentos,
que olhando seus movimentos,
demos graças a Olga e Bento!

QUADRANTE

Amor: sentido, escrito, digitado,
cantado, grafitado, aclamado,
elevado, vivido, desprezado,
agradecido, continuado, rompido,
bandido, sofrido, ferido,
veranil, invernal, infernal,
solidário, solitário, estanque ou migrante...
rima com flor, rima com dor,
também com cor e rancor...
como pode uma palavra
acompanhar tantas outras?
Não sei como acabaria
um livro de poesias
sem falar do amor,
daquilo que desmonta,
consola, aconchega, arrasa...
suas letras são andantes!
A gente escuta as histórias,
muito se guarda em memórias;
soube de um apaixonado daqui
noticiar pro mundo todo
que seu **amor mora** em **Roma**,
com uma querida *Oma*...

CAMALEÔNICO

Goiabada no fogo, pela manhã
depois lembrança de Djavan:
"o amor é azulzinho"...
pois ela impactou, vestiu *marinho*!
Foi pra festa – bonita à beça,
andou e dançou com seu vestido,
todo mundo deve ter notado
mas algo ninguém sabia:
naquela tarde-noite
dava poema a simples visão...
que concluía nova verdade:
o amor era azulão!

LINHAGEM

Quem chega por último
também conta, é da trupe!
Pra tanta beleza, qual truque?
Irmãos em nobreza e ternura,
é chegada a vez de Inês!
A mesma "fábrica" que fez;
e todo mundo já murmura,
ávidos por mais fofura...
Quem será da próxima vez?

REFORÇO

Nebulosos tempo e mundo...
mas vem pra iluminar, Clara;
alegria que irá a fundo
pelas cores de uma arara,
pra um enredo mais fecundo.
Os pais Gustavo e Juliana,
meu amigo Milton, "avô bobo"
achando tudo mais bacana...
e a razão e diversão de todos
será, claro, Clara,
reforçando a família, já preCLARA!

OUTRO OURO

Veio do Pará um choro de vida,
a mata ficou mais farta...
prédios e árvores saudaram
a pequenina do interior;
amigos também louvaram
daquela flora a mais bela flor.
Mabel do e para o Pará,
outro ouro da Amazônia;
e será festa para sempre,
Mabel reluzindo, sem parcimônia...